L. RAY

Chef d'Escadron d'Artillerie en retraite

LA SOCIÉTÉ DES AMIS DE LA CONSTITUTION

aux Riceys, en 1791

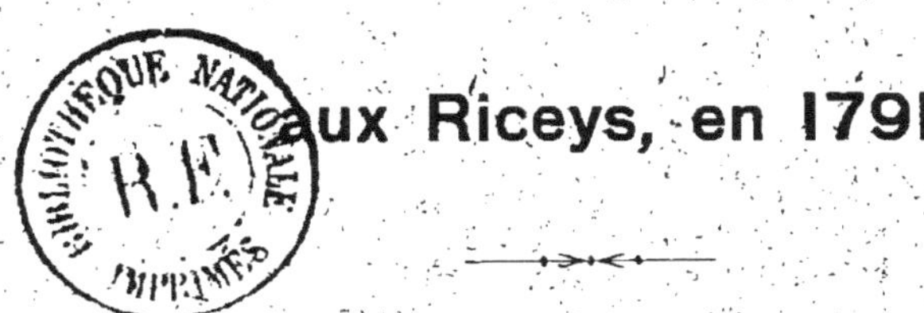

RÉFUTATION DE PLUSIEURS IMPUTATIONS

de M. l'Abbé PRÉVOST

CONCERNANT LES RICEYS

TROYES

IMPRIMERIE & LITHOGRAPHIE J.-L. PATON

27 et 29, Rue Général-Saussier

1909

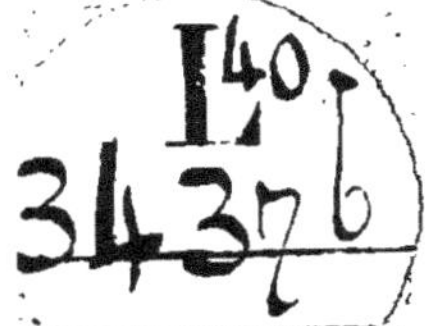

L. RAY

Chef d'Escadron d'Artillerie en retraite

LA SOCIÉTÉ DES AMIS DE LA CONSTITUTION

aux Riceys, en 1791

RÉFUTATION DE PLUSIEURS IMPUTATIONS

de M. l'Abbé PRÉVOST

CONCERNANT LES RICEYS

TROYES

IMPRIMERIE & LITHOGRAPHIE J.-L. PATON

27 et 29, Rue Général-Saussier

1909

AVANT-PROPOS

M. l'Abbé A. Prévost, membre associé de la Société Académique de l'Aube, a publié le tome II de son Histoire du diocèse de Troyes pendant la Révolution, qui doit en comprendre trois. Il parle plusieurs fois, dans ces deux premiers volumes, de ce qui se passa aux Riceys, distribuant le blâme ou l'éloge à droite et à gauche, aux laïcs et aux ecclésiastiques. La réfutation d'une imputation grave nécessitait la reproduction intégrale ou l'analyse détaillée des lettres, pétitions et procès-verbaux d'une petite Société des Amis de la Constitution qui se forma aux Riceys, au mois d'avril de l'année 1791, et n'eut, d'ailleurs, qu'une existence éphémère. Ces documents soulèvent plusieurs questions relatives au serment que les membres de l'ancien clergé furent obligés de prêter, en 1791, pour pouvoir conserver leurs fonctions de curés ou vicaires titulaires, rétribués par l'État. C'est un sujet délicat entre tous, et des explications précises nous ont paru nécessaires pour permettre à chacun d'apprécier les pétitions de la Société des Amis de la Constitution et les réponses de la municipalité, ainsi que la conduite des prêtres, assermentés ou non, et celle de la population. Ce travail

achevé en vue d'un but déterminé, l'histoire de la Socié
était à moitié faite et nous avons cru devoir la termine
mais la première partie de cette brochure est surtout
ensemble de pièces justificatives.

Le lecteur qui voudra connaître immédiatement
nature de l'imputation dont nous avons parlé pourra
reporter à la page 39; il y verra, rapprochés poi
rendre la comparaison facile, un texte original, authe
tique, et l'interprétation de ce texte par l'historien d
Diocèse de Troyes pendant la Révolution.

LES RICEYS, Juillet 1909.

PREMIÈRE PARTIE

La Société des Amis de la Constitution aux Riceys, en 1791

Il ne serait pas équitable d'englober dans une même réprobation tous les groupements qui se formèrent à côté des municipalités, pour inspirer ou contrôler leurs actes, pendant les premières années du nouveau régime : la Terreur et les Jacobins de 1793 ne représentent pas mieux la Révolution que les massacres de Nîmes et de Marseille et les Comités royalistes ne représentent la Restauration. Guénin dit que la Société des Amis de la Constitution qui se créa à Troyes, vers la fin de « l'âge d'or de la Révolution », fut, à l'origine, « peu nombreuse, timide, inoffensive » (1). Telle fut aussi celle qui prit naissance aux Riceys, au mois d'avril 1791, et comme elle disparut à la fin de cette même année, elle resta insignifiante (2).

Elle n'eut rien d'une Société populaire. Elle fut fon-

(1) Alexandre Guénin, *Troyes et le département de l'Aube pendant les soixante dernières années (1789 à 1848)*. Troyes, 1856. P. 15.

(2) La commune des Riceys (chef-lieu de canton, Aube) est formée par trois bourgs échelonnés dans une vallée étroite et nommés, en remontant le cours de la Laignes : Ricey-Bas, Ricey-Haute-Rive, Ricey-Haut. Chaque bourg possède une église. En 1791, la population s'élevait à 3.800 âmes.

dée par 17 personnes appartenant à la première bo
geoisie ou au principal commerce et qui, dans le proc
verbal d'ouverture de ses séances, se qualifient : hom
de loi (1), président de district (1), notaire (1), né
ciants (6), bourgeois (8). Elle ne paraît pas avoir augme
le nombre de ses adhérents ; après avoir prévenu
municipalité de sa formation, dès le premier jour,
lui en demanda acte de nouveau, le 5 juin, par
extrait du procès-verbal de ses séances revêtu seulem
de 4 signatures. Au reste, ses membres ne se réunir
jamais ailleurs que dans un local faisant partie d'
habitation particulière ; à l'origine, ce fut dans la mai
de Jean-Nicolas-Jacques Parisot, député de l'anc
bailliage de Bar-sur-Seine à l'Assemblée nationale.

La présidence de la Société au moment de sa forr
tion et pendant le mois de mai échut à l'homme de
Nicolas-Jean-Baptiste Régley, avocat. Élu officier mu
cipal, au mois de février 1790, il avait donné sa démiss
en raison de sa parenté avec le procureur de la commu
On le nomma juge de paix du canton le 8 juillet 17

Pendant le mois de juin, la Société eut à sa tête Je
Baptiste Vandeuvre, avocat, président de l'administrat
du district de Bar-sur-Seine. Ancien lieutenant du b;
des Riceys et maître particulier des eaux et forêts
avait été élu membre de l'administration du district
15 juin 1790, puis nommé président par ses collègu
Il devint administrateur du département le 10 s
tembre 1791.

Après Vandeuvre, la présidence mensuelle fut te
par des bourgeois sans notoriété.

La dernière communication faite au Conseil de
commune, à la fin du mois de septembre 1791,
revêtue d'une seule signature et rien, dans la teneur
l'acte, ne permet de reconnaître si ce signataire uniq

parle en son nom ou au nom d'une collectivité. Au commencement de l'année 1792, la Société des Amis de la Constitution a disparu définitivement ; la municipalité lui achète son mobilier : 1 table et 25 chaises.

Depuis la formation de la commune des Riceys, au mois de février 1790, jusqu'au 20 juin 1791 et, par suite, pendant les deux premiers mois de l'existence de la Société, le véritable groupement populaire fut le Conseil général. Il comprenait le maire, 8 officiers municipaux, 1 procureur sans voix délibérative mais prenant les réquisitions, et 18 notables, tous élus par les citoyens actifs, c'est-à-dire ayant le droit de voter. Les premiers appartenaient à la bourgeoisie et au gros négoce, mais les notables étaient de simples tonneliers (9), vignerons (6) ou marchands et artisan (3). Le 20 juin 1791, le maire, le procureur et 12 officiers municipaux ou notables donnèrent leur démission pour des motifs étrangers aux questions traitées ici. Le 3 juillet, on nomma un nouveau maire qui se retira le 28 août, et ce fut seulement au mois de novembre qu'on reconstitua entièrement le Conseil.

Les deux maires élus le 3 juillet et le 14 novembre faisaient ou avaient fait partie de la Société des Amis de la Constitution.

Nous allons reproduire in-extenso, ou en extraits et en analyses, et par ordre de dates, les notifications ou pétitions que cette Société adressa à la municipalité, en les complétant, au besoin, par des éclaircissements et en indiquant la suite qui leur fut donnée, quand nous aurons pu la découvrir.

1.— *Procès-verbal d'ouverture des séances.*— Vendredi, 29 avril 1791.

« Ce jourd'hui, vingt-neuf avril mil sept cent quatre-vingt-onze de l'ère chrétienne et la seconde de la restauration de la

liberté française, nous, citoyens des Riceys dénommés ci-après...
(17 noms)....., croyons que nous ne pouvons mieux signaler
notre patriotisme, dans un temps où la Constitution nous prodi-
gue les bienfaits les plus marqués et nous fait goûter les charmes
jusqu'alors inconnus de la liberté, qu'en formant, entre nous
une Société qui consacrera ses plus précieux moments à suivre,
seconder et maintenir de tous ses efforts l'immortel travail de nos
représentants ; et c'est dans cette ferme résolution que nous nous
sommes réunis sous le titre d'Amis de la Constitution. »

Après avoir formé leur bureau par la voie du scrutin, ils
arrêtent provisoirement :

« 1° Que le président de la Société et les sieurs N... et X... se
retireront par devers la municipalité, à sa première assemblée,
pour la prévenir de son établissement, y déposer copie du présent
procès-verbal, lui en demander acte et lui indiquer que les
séances de la dite Société se tiendront provisoirement en la maison
de monsieur Parisot, située en la grande rue de la partie des
Riceys dite Ricey-Haute-Rive, jusqu'à ce que la Société se soit
pourvue d'un autre local ;

« 2° Qu'il en sera, également, donné acte aux Sociétés patriotiques du département et à celle des Jacobins de Paris, en les
priant de vouloir bien nous admettre à leur correspondance et
nous affilier avec elles, ainsi qu'à tous les journalistes patriotes
qui seront invités à le rendre public par la voie de leurs feuilles
périodiques ;

« 3° Que nos règlements et statuts seront rendus publics, afin
de faire connaître à nos concitoyens que le seul but de notre
Société est de coopérer de tout notre pouvoir au maintien de la
Constitution, et de les prévenir contre les insidieuses manœuvres
de ses détracteurs ;

« 4° Que le président sera chargé d'écrire à Messieurs du
directoire du département de l'Aube et du district de Bar-sur-
Seine, pour leur faire part de cette institution faite à l'instar de
toutes les Sociétés patriotiques du royaume. » — 16 signatures (1).

---

(1) Sauf indication contraire, tous les documents émanés de la
Société des Amis de la Constitution, que nous reproduisons, sont
contenus dans la liasse 9 P des Archives des Riceys. Nous ne
connaissons ni le registre des délibérations de ce groupement,
ni sa correspondance avec les autres Sociétés similaires.

Le 1er mai, les officiers municipaux donnèrent acte du dépôt « du projet d'établissement de la Société ».

II. — *Pétition à la municipalité.* — Dimanche, 29 mai.

« Messieurs,

« La surveillance de l'exécution des lois est un tribut que chaque citoyen doit à la patrie, puisqu'elle lui en a donné le droit. C'est de là que résulte le maintien du bon ordre et de la sûreté publique. La Société des Amis de la Constitution qui vient de s'élever ici, sous les auspices de la loi, a si bien reconnu ce principe que c'est dans votre sein qu'elle vient aujourd'hui le consacrer. Flattée de pouvoir concourir avec vous au bien public, elle vous présentera sans cesse et les objets et les moyens d'y parvenir ; elle rappellera même à votre autorité, avec cette franchise et cette loyauté qui caractérisent des hommes vraiment libres, les abus qui pourront échapper à votre zèle et à votre vigilance ; en un mot, elle viendra, chaque jour, déposer parmi vous le vœu du peuple dont elle sera toujours l'interprète.

. . . .

« Déjà des curés investis de la confiance publique ont succédé à ceux que la loi a dépouillés de leurs fonctions ; le sacerdoce se régénère dans ses principaux ministres, mais il doit l'être dans toutes ses parties.

« Le sieur Bluget, curé des Riceys, s'est conformé à la loi ; mais le sieur Totey, vicaire de la partie des Riceys dite Ricey-Bas, n'a pas suivi un exemple aussi sage et cependant il n'a pas encore de successeur. A Dieu ne plaise que nous voulions le confondre dans la classe de ceux que nous vous avons dépeints plus haut (1) ; nous voulons le croire de bonne foi dans son refus de prêter le serment exigé par la loi et nous plaignons son erreur ; mais la loi ne doit pas moins être exécutée contre lui ; tous les vrais citoyens et les vrais fidèles soupirent après le moment de voir réunis dans leurs ministres les caractères sacrés de la religion et du patriotisme qu'ils regardent comme inséparables l'un de l'autre. C'est un des objets de la présente pétition.

-----

(1) Cette restriction justifie la suppression que nous avons faite d'une tirade de pure phraséologie, dirigée contre les prêtres non assermentés, mais sans indication précise sur ce qui a pu se passer dans la région de Ricey.

« La Société se rappelle que le sieur Piedmontois, vicaire d
partie des Riceys dite Ricey-Haute-Rive, a été empêché de pr
le serment requis par la loi, par une maladie grave qui le rete
au lit ; elle sait que, lors de votre transport chez lui pour rece
sa déclaration, le sieur Piedmontois vous a déclaré que, quan
santé le lui permettrait, il se conformerait à la loi. Aujourd'l
sa santé est rétablie et rien n'empêche qu'il ne s'y confor
puisqu'il se transporte à l'église et qu'il y dit la messe. N
croyons donc, Messieurs, pareillement instant de faire mett
son égard la loi à exécution. La confiance des fidèles devient é
voque parce qu'ils ignorent le vœu du sieur Piedmontois ; et,
est vraiment dans la disposition de prêter le serment exigé,
est vraiment patriote, il est de la prudence et de sa propre tr
quillité de s'empresser à le manifester d'une façon authentiq
de même qu'il est de votre mission de le requérir. C'est le sec
objet de cette pétition.

« La Société a appris avec la plus vive satisfaction que le si
Robert, vicaire de la partie des Riceys dite Ricey-Haut, longten
induit en erreur, venait de la reconnaître. Il avait prêté
serment avec des restrictions proscrites ; ces restrictions avai
été publiques ; la rétractation devait l'être aussi, ou, plutôt, la
déclarait nul un pareil serment ; il fallait le prêter de nouv
dans les formes prescrites par la loi. La Société a vu avec pe
que le sieur Robert s'était borné à le prêter simplement sur
registres ; elle a cru que la satisfaction n'était pas complète,
c'était éluder l'esprit de la loi, et que cette prestation était ins
fisante. C'est le troisième objet de cette pétition. »

En conséquence, la Société demande que Bluget soit requis
remplacer Totey ; que Piedmontois et Robert prêtent le serm
publiquement, conformément au décret, ou qu'ils soient re
placés ; et, enfin, dans le cas où Bluget se refuserait aux chan
ments sollicités, que la municipalité se pourvoie ainsi qu
appartiendra, pour les faire effectuer.

« Fait à la Société des Amis de la Constitution établie a
Riceys, le 29 mai 1791 de l'ère chrétienne et le second de
liberté. » — 12 signatures.

Cette pétition et celle qui suit, déposées en même
temps à la mairie, le 29, furent l'objet d'une délibérati
unique qu'on lira plus loin. Nous nous bornerons, i
à donner des détails circonstanciés sur les prestations

serment, détails qui sont nécessaires pour qu'on puisse apprécier les demandes de la Société et la réponse de la municipalité.

Un décret de l'Assemblée nationale, du 12 juillet 1790 (24 août 1790) (1), sur la Constitution civile du clergé, avait prescrit que les ecclésiastiques qui, à l'avenir, seraient nommés évêques ou curés, au scrutin, par des électeurs civils, ne pourraient faire aucune fonction épiscopale ou curiale avant d'avoir prêté un serment déterminé (2). Il avait réglé définitivement ce qui concernait le nouveau clergé.

Un décret, du 24 juillet 1790 (24 août 1790), sur le traitement de l'ancien clergé, stipula que les évêques et curés conservés en fonction ne pourraient recevoir leur traitement avant d'avoir prêté le serment prescrit par le décret du 12 juillet précédent (3). Un nouveau décret, du 27 novembre 1790 (26 décembre 1790), fixa les détails d'exécution.

Les curés jureraient en ces termes : « Je jure de veiller avec soin sur les fidèles de la paroisse qui m'est confiée, d'être fidèle à la nation, à la loi et au roi, et de maintenir de tout mon pouvoir la Constitution décrétée par l'Assemblée nationale et acceptée par le roi. »

Le serment des vicaires n'en différait que par le début : « Je jure de remplir mes fonctions avec exactitude, d'être fidèle, etc. »

Le serment serait prononcé à l'issue de la messe, en présence du Conseil général de la commune et des fidèles, un jour de dimanche concerté entre le maire et l'ecclésiastique, après une déclaration écrite déposée au greffe,

---

(1) Nous mettons entre ( ) la date de la sanction royale transformant le décret de l'Assemblée nationale en loi.

(2) Titre II, art. 21 et 38.

(3) Art. 39.

deux jours à l'avance, par le prêtre, auquel incomba[i]
devoir de faire la première démarche (art. 3). Le m[a]
et le Conseil de la commune n'avaient aucune initiati[v]
prendre.

Les ecclésiastiques faisant partie de l'Assemblée [na]
tionale y prononceraient le serment pendant une [...]
séances.

Les prêtres qui n'auraient pas juré dans les dé[lais]
déterminés seraient réputés avoir renoncé à leur offic[e]
remplacés : à l'effet de quoi, dans la huitaine, le m[aire]
dénoncerait le défaut de prestation de serment au pro[cu]
reur-syndic du district (art. 5).

Les ecclésiastiques ayant refusé de jurer, qui s'imm[is]
ceraient dans des fonctions publiques, seraient poursu[ivis]
devant les tribunaux de district, punis par la privat[ion]
de leur traitement et déchus des droits de citoyens ac[tifs]
(art. 6 et 7).

Le serment devait être prononcé dans les term[es]
fixés, purement et simplement, sans explications, [...]
restrictions.

A cette époque, le refus du serment ne privait pas [les]
prêtres du droit de célébrer le service divin dans [les]
églises paroissiales (1), sauf, en toute rigueur, au maît[re]
autel réservé au curé; il les empêchait seulement d'ê[tre]
curés ou vicaires titulaires.

La paroisse des Riceys était desservie par qua[tre]
prêtres.

Le curé, Nicolas Bluget, député de l'ancien bailliage [de]
Bar-sur-Seine à l'Assemblée nationale, y prêta le serme[nt]
le 31 décembre 1790, pendant la séance du matin.

Claude Totey, vicaire de Ricey-Bas, jura, le dimanc[he]
30 janvier 1791, en ces termes : « Je jure de veiller av[ec]

---

(1) Un décret du 7 mai 1791 (13 mai 1791) leur reconnut fo[r]
mellement ce droit.

soin sur les fidèles dont la conduite m'a été ou me sera confiée par l'Église, d'être fidèle à la nation, à la loi et au roi, et de maintenir de tout mon pouvoir, en tout ce qui est de l'ordre civil et politique, la Constitution décrétée par l'Assemblée nationale et acceptée par le roi, exceptant les objets spirituels qui dépendent essentiellement de l'autorité de l'Église catholique, apostolique et romaine, dans laquelle je veux vivre et mourir. »

« Ce serment prêté, M. le maire a observé audit s^r abbé Totey qu'il ne se renfermait pas dans les termes de la loi pour la prestation de son serment, et M. le procureur de la commune lui a demandé s'il avait connaissance du décret concernant la prestation du serment civique ; à quoi il a répondu qu'il l'avait lu et qu'il ne pouvait pas prêter le serment autrement qu'il venait de le faire, qu'il pouvait en dresser procès-verbal et qu'il le signerait. »

Un procès-verbal fut envoyé, par le maire, au procureur-syndic du district.

Jean-Joseph Robert, vicaire de Ricey-Haut, jura, le dimanche 6 février, dernier délai, à peu près dans les mêmes termes que Totey. Mais, le 10 mai, il déclara au greffe, par écrit, qu'après avoir pris connaissance d'une *Instruction*, du 21 janvier, qui n'était pas encore parvenue aux Riceys le 6 février, et dans laquelle l'Assemblée nationale se défendait d'avoir méconnu les droits de l'Église, il prononçait le serment dans les termes prescrits pour les vicaires : « Je jure de remplir mes fonctions avec exactitude, d'être fidèle, etc. »

Nicolas Piedmontois, vicaire de Ricey-Haute-Rive, était dans un tel état de maladie et d'infirmités qu'il ne pouvait marcher sans béquilles. Cette situation ne l'empêchait pas de faire la première démarche, puisque cette démarche consistait en une déclaration écrite. Mais le procureur de la commune, *par déférence* pour un prêtre

qui desservait la paroisse depuis 28 ans, alla, le dimanch
6 février, s'informer de ses intentions. Piedmonto
répondit qu'il priait le Conseil général de se transporte
chez lui. Le Conseil, voulant montrer autant de *déférenc*
que le procureur, se rendit dans la maison du vicaire qu
fit remarquer qu'en fixant le dernier délai on n'avait pa
prévu un cas d'empêchement comme le sien, et dit qu'
pensait qu'on pouvait s'autoriser de son état pour différe
l'émission du serment jusqu'à nouvel ordre.

III. — *Pétition à la municipalité.*— Dimanche, 29 ma

L'Assemblée nationale, par un décret du 20 juin 1790, a su
primé les titres de duc, comte, marquis, etc.; elle a ordonné qu
dans trois mois, les armoiries placées en évidence seraient rayée
et supprimées. « Ici, seulement, ce décret n'a point reçu son exé
cution, et chaque jour nous avons encore les yeux offusqués pa
ces cordons qui ceignent nos églises, et par ces armoiries dont o
avait eu jadis l'indécence de parer nos autels, comme si les instru
ments de la vanité des grands d'alors eussent pu embellir de
lieux consacrés à l'Éternel ».

En conséquence, la Société demande que la municipalité mett
à exécution le décret du 20 juin 1790, et fasse supprimer les litre
funèbres appliquées tant à l'intérieur qu'à l'extérieur des églises
ainsi que les armoiries qui peuvent être placées en évidence dan
le pays. — 12 signatures.

Le 29 mai, les officiers municipaux donnèrent acte d
dépôt des deux pétitions relatives au serment des vicaire
et à la suppression des armoiries « sans, néanmoins
approuver ou désapprouver la Société prétendue établi
aux Riceys, des Amis de la Constitution, attendu qu
l'acte d'établissement de ladite Société ne nous a poin
été représenté ».

Le Conseil général de la commune se prononça, su
le fond, le 2 juin.

Le maire, les officiers municipaux et les notables
considérant : 1° relativement aux prestations de serment
qu'ils se sont conformés à tout ce que prescrivent le

art. 3 et 5 du décret du 27 novembre ; qu'ils ont envoyé les procès-verbaux au procureur-syndic du district ; que c'est à l'Assemblée nationale et au directoire du district qu'il appartient de se prononcer sur la validité ou la non validité des serments prêtés et des déclarations faites ; 2° à l'égard du décret relatif à la suppression des armoiries, qu'ils ne peuvent le mettre à exécution avant de l'avoir reçu, « déclarent qu'il n'y a lieu de délibérer, sauf aux pétitionnaires à se pourvoir par devant qui il appartiendra et ainsi que bon leur semblera ».

Les Amis de la Constitution et les administrateurs de la commune semblent avoir confondu deux décrets.

Celui du 19 juin 1790 (23 juin 1790) abolit la noblesse héréditaire et prescrit que les titres de prince, duc, etc., ne seront pris pár qui que ce soit, ni donnés à personne. Nul ne pourra faire porter des livrées, ni avoir des armoiries, « sans que, sous prétexte du présent décret, aucun citoyen puisse se permettre d'attenter aux monuments placés dans les temples, aux chartes, titres et autres renseignements intéressant les familles ou les propriétés, ni aux décorations d'aucuns lieux publics ou particuliers ».

Un décret du 13 avril 1791 (20 avril 1791), concernant l'abolition de plusieurs droits seigneuriaux, dit que les seigneurs seront tenus, dans deux mois : « 1° de faire retirer des chœurs des églises et chapelles publiques, les bancs ci-devant patronaux et seigneuriaux qui peuvent s'y trouver ; 2° de faire supprimer les litres et ceintures funèbres, tant dans l'intérieur qu'à l'extérieur des églises et des chapelles publiques ; 3° de faire démolir les fourches patibulaires et piloris ci-devant érigés à titre de justice seigneuriale ». L'art. 19 spécifie les mesures à prendre par le maire, en cas de non exécution.

Les emblèmes féodaux paraissent avoir été respectés,

aux Riceys, jusqu'au commencement de l'année 1792. Nous indiquerons cependant ici les destructions qui furent effectuées dans les trois bourgs ; elles se placent toutes entre le mois de février 1792 et le mois de mai 1793.

Dans l'église de Ricey-Bas, on brisa la tombe de Urbain de Créquy (1621), le dernier du nom qui fut seigneur des Riceys ; elle s'élevait sur quatre piliers, au bas du grand escalier, et portait une inscription (1). On burina un écusson de l'abbaye de Molesme sculpté sur le buffet des orgues qui avaient été achetées à Molesme, comme bien national, en 1791.

Dans la chapelle seigneuriale de la même église (la deuxième à droite, à partir du chœur), on fit disparaître les armoiries dorées des Pomereu, qui ornaient l'autel, et une litre funèbre. La porte qui donnait accès directement dans cette chapelle, et dont la baie est encore visible extérieurement, fut murée.

Au château, un écusson qui surmontait la porte des écuries fut martelé.

On badigeonna les litres, parsemées d'écussons, qui couraient extérieurement sur les murs des églises.

On martela des armes de France (?) sculptées au-dessus de la porte d'une petite chapelle qui était adossée au chevet de l'église de Ricey-Haute-Rive, et qui a disparu en 1866 (2).

---

(1) Nous n'avons pu en découvrir le texte.

(2) Toutes ces indications sont extraites des registres des délibérations de la municipalité. Peut-être faut-il y ajouter le martelage d'un écusson surmontant l'épitaphe de Jacques Maison, dans l'église de Ricey-Haute-Rive. L'incinération des titres féodaux de la seigneurie (30 novembre 1793) et la démolition de trois tours du château de Ricey-Bas (à partir de la fin de l'année 1794) furent prescrites par des lois spéciales et précises.

IV. — *Extrait du procès-verbal de la séance.* — Dimanche, 5 juin.

La municipalité a inséré les mots *projet d'établissement* dans l'acte qu'elle a donné le 1er mai, et considère ce projet comme non réalisé. On lui demandera acte de ce que la Société s'est réellement constituée le 29 avril.

A compter du mercredi, 8 de ce mois, la Société tiendra ses séances dans une salle dépendant d'une maison appartenant à la veuve Olivier, sise à Ricey-Haute-Rive. — 4 signatures.

Ce procès-verbal fut déposé au greffe le lendemain, 6 juin. Il montre que la Société avait renoncé à établir les statuts et règlements prévus le jour de sa formation.

V. — *Pétition à la municipalité.* — Dimanche, 12 juin.

Des fonds ont été accordés au département pour l'exécution de travaux publics destinés au soulagement des pauvres. Le Conseil général de la commune est invité à faire des démarches pour avoir part à ces subsides, en exposant « qu'il est peu de pays dont les chemins tant finéraux que d'exploitation soient aussi mauvais », et que la commune n'a aucun revenu. — 14 signatures.

La municipalité donna acte à la Société le même jour, 12 juin, et adressa une demande de secours au directoire du département.

VI. — *Extrait du registre des délibérations.* — Dimanche, 12 juin.

La fermentation et la division règnent dans la garde nationale de Ricey-Haut, et font craindre une explosion funeste pendant l'octave de la Fête-Dieu. La municipalité sera priée de défendre de prendre les armes, pour quelque motif que ce soit, avant que l'administration du département, que la Société a informée de cette agitation, ait fait connaître ses intentions. — 5 signatures.

La Société adressa cette délibération à l'administration du département et à celle du district de Bar-sur-Seine. En outre, son président, qui était aussi celui de ce district, écrivit au Conseil du département, le 16 juin, disant : « Cottray brave toute autorité. Il a reçu la signi-

fication de votre dernier arrêté avec des termes de mépri
Je crois essentiel que la sévérité du parti que vo
prendrez lui en impose, et à ceux qui pensent comme lui.

Il y avait, en effet, une fermentation marquée da
la garde nationale de Ricey-Haut, mais, vue de loin, el
ne paraît pas bien grave pour une époque si troublé
Nous en dirons cependant quelques mots parce qu'i
mettront en scène un personnage qui joua un petit rôl
au mois de septembre 1792, comme lieutenant-colon
commandant le 5ᵉ bataillon des volontaires de l'Aube.

Le 28 juillet 1789, par crainte des brigands q
produisirent la Grande Peur, les habitants de Rice
Haut formèrent une milice bourgeoise et nommère
lieutenant en 2ᵉ, Basile Cottray. C'était un ancien solda
marchand épicier, pas mauvais homme, mais surexci
par les événements, et disposé à s'exagérer son impo
tance. Il avait servi depuis le mois de juillet 1756 ju
qu'au mois de septembre 1770 et « toujours gradé »
dit-il.

Le soir même, les brigands alarmèrent Ricey san
se laisser voir plus qu'ailleurs. Cottray fit le fanfaro
eut des démêlés avec quelques voisins et, dès lors, rest
à l'écart ; mais ayant été délégué à une réunion général
tenue à Troyes, le 25 avril 1790, il se pourvut d'un uni
forme et le décora des épaulettes de capitaine.

Le vrai capitaine donna sa démission un mois plu
tard. Cottray se fit reconnaître, comme son successeur
par une partie des gardes nationaux de Ricey-Haut, san
aucune intervention de la municipalité, ce qui était irré
gulier ; ses partisans s'emparèrent de force des deu
drapeaux dont les porte-enseignes ne voulaient pas s
dessaisir.

Le nouveau capitaine fut député à la Fédératio
du 14 juillet 1790, à Paris. A son retour, il voulut joue

au généralissime des trois Riceys, et contrecarra, dans plusieurs circonstances, les ordres donnés par le Conseil de la commune. Le 22 octobre, il arrêta le convoi funèbre d'un enfant ayant fait partie d'une petite compagnie, dite l'*Espérance de la Patrie*, qui s'était formée à Ricey-Haut, au mois de juillet précédent ; il prétendit obliger ces soldats de 12 à 15 ans à mettre bas les armes, « qui pour la plupart étaient des fusils de bois », bien qu'ils eussent été autorisés, par le maire, à les prendre pour faire honneur au défunt.

Après ce scandale, il écrivit lettre sur lettre à l'Etat-major de la garde nationale et au directoire du département, pour se plaindre de la municipalité, et en se qualifiant commandant de la garde nationale des Riceys.

Les administrateurs du département lui prescrivirent de renoncer à cette usurpation de pouvoir, par un arrêté du 13 mai que la municipalité notifia à Cottray le 3 juin, et qu'elle lui fit signifier de nouveau, le 14 juillet, par un huissier accompagné de la brigade de maréchaussée de Bar-sur-Seine, mais sans plus de succès.

Que pouvaient faire les officiers municipaux ? Le 14 juin, ils écrivent au directoire du département : « .... Il faudra peut-être employer la force, mais où la trouver ? Il pourrait arriver de très grands malheurs si l'on arrêtait que les gardes nationales de Ricey-Haute-Rive et de Ricey-Bas seraient employées pour maintenir notre autorité. » Le mieux était certainement de temporiser, et cette effervescence tomba peu à peu. Le 29 août, l'accusateur public du district de Bar-sur-Seine fut autorisé à ouvrir une information contre Cottray, mais nous croyons que l'affaire en resta là (1).

____

(1) Arch. départ. Archives judiciaires de Bar-sur-Seine, liasse 394.

VII. — *Extrait du registre des délibérations.* — Mercredi, 15 juin.

« Un membre s'est levé et a dit qu'il avait à dénoncer à la Société, comme prévaricateurs aux décrets de l'Assemblée nationale et comme s'étant attribué des fonctions publiques qui ne leur appartenaient point :

« 1° Le sieur Roy, ci-devant curé de Balnot[-sur-Laignes], et actuellement résidant à Ricey-Haut, lequel s'était permis de confesser et d'administrer publiquement la communion à un particulier de Balnot, à lui connu, et qu'il nommerait en temps et lieu ;

« 2° Le sieur Hazard, ci-devant curé de Beauvoir, lequel avait aussi administré la communion à plusieurs personnes dudit Ricey-Haut qu'il désignerait pareillement en temps et lieu ; que ce dernier avait fait plus ; qu'il avait cherché à insinuer et à persuader au sacristain de l'église dudit Ricey-Haut que les prêtres qui n'avaient pas prêté le serment exigé par la loi avaient, seuls, le légitime pouvoir d'administrer les sacrements (1).

« Le même membre a ajouté que les prêtres non conformistes, et notamment ledit sieur Hazard, cherchaient à semer la discorde, à établir le schisme et même à troubler, interrompre et retarder les offices publics faits à la paroisse de Ricey-Haut. Il a cité, à l'appui de cette assertion, un trait dont il avait été témoin avec tous les autres fidèles, le dimanche, cinq du présent mois. Le dernier coup de la messe paroissiale étant sonné, tous les paroissiens étaient rassemblés pour entendre la messe de leur fonctionnaire public, lorsque le même sieur Hazard saisit avec précipitation ce moment, et s'empara du maître-autel pour y dire la sienne, de manière que le vicaire de Ricey-Haut a été obligé de faire l'eau bénite à un petit autel, et d'attendre que le sieur Hazard ait fini sa messe pour commencer celle de la paroisse. L'affectation et l'impudence du sieur Hazard ont été saisies par tous les assistants qui ont été vivement scandalisés ; les murmures se sont fait apercevoir *(sic)*, et peut-être se seraient-ils manifestés d'une manière plus sensible, sans la sainteté du lieu qui les a contenus. Il a conclu de là que toute prévarication devait être repoussée et toute insinuation perfide et incendiaire devait être punie. » . . . .

. . . .

---

(1) Roy, ayant refusé de jurer, avait été remplacé le 29 mai, et Hazard, le 16 mai. Un décret du 8 février 1791 (18 février 1791) leur donnait droit à une pension de 500 l.

Un autre membre propose de dénoncer tous ces faits, directement, à l'administration du district ; mais, après quelques discussions non spécifiées, la Société arrête que « la municipalité sera priée de tenir la main à l'exécution de la loi concernant les prêtres non conformistes ; de veiller notamment à ce que le sieur Hazard ou tout autre prêtre non conformiste n'empêche, trouble ou retarde l'office public ; en conséquence, de leur défendre de dire la messe au maître-autel, en quelque temps que ce soit. » — 3 signatures.

Peut-être l'abbé Robert avait-il laissé le maître-autel à la disposition de Hazard par déférence pour un enfant du pays, dont il était le très petit cadet (1).

Le registre des délibérations de la commune ne mentionne ni cette pétition, ni celle du 25 juin. Nous avons dit que la municipalité fut désorganisée le 20 juin par la démission de plus de la moitié de ses membres.

VIII. — *Pétition à la municipalité.* — Samedi, 25 juin.

« Messieurs,

« La Révolution française est consacrée par les grands événements ; la base la plus solide de notre Constitution est certainement la religion rendue par elle à toute sa pureté primitive. La Société des Amis de la Constitution croit, d'après ce principe, que le premier devoir de tous les citoyens est de rendre hommage à la Divinité de tous les événements qui peuvent déjouer les funestes projets des ennemis de notre sainte Constitution. En est-il qui doive porter plus de joie dans le cœur de tous les Français et qui mérite plus leur reconnaissance envers l'Etre suprême, que le retour du Souverain dans la capitale. La Société demande, en conséquence, que vous ayez à donner ordre à nos prêtres fonctionnaires publics, de chanter un *Te Deum*, en action de grâce, demain, 26, à l'issue des vêpres, de ce que de bons patriotes ont été assez heureux pour arracher notre roi des mains des ennemis de la Nation, et, l'on peut dire, des ennemis du roi lui-même. Nous demandons que le *Te Deum* soit annoncé demain, au prône

----

(1) Jean-Joseph Robert est né à Bar-sur-Seine, le 15 octobre 1762. Jean-Baptiste-Nicolas Hazard est né à Ricey-Haute-Rive, le 9 septembre 1722.

et à son de tambour, dans les trois parties des Riceys, et que tous les citoyens soient invités à y assister.

« La Société est persuadée que vous accueillerez sa demande ; votre patriotisme connu lui en est un sûr garant.

« Nous sommes avec une parfaite considération,

« Messieurs,

« vos très humbles et obéissants serviteurs,

« Les Amis de la Constitution des Riceys. »

9 signatures.

La municipalité connut l'arrestation du roi, à Varennes, le 23 juin, jour où elle reçut les deux décrets de l'Assemblée nationale, du 21, qui firent croire à un enlèvement par les royalistes ; elle les enregistra avec ses délibérations.

L'un de ces décrets dit que : « .... L'Assemblée nationale a pris les mesures les plus actives pour suivre les traces de ceux qui se sont rendus coupables de l'enlèvement du roi et de la famille royale...... et ordonne aux administrateurs du département et aux officiers municipaux de faire promulguer aussitôt le présent décret, et de veiller avec soin à la tranquillité publique. »

L'autre décret prescrit au ministre de l'intérieur d'envoyer des courriers dans les départements, avec ordre aux fonctionnaires publics et aux gardes nationales d'arrêter toute personne sortant du royaume, et de prendre les mesures nécessaires pour empêcher la famille royale et les individus qui auraient pu concourir à son enlèvement de continuer leur route.

Le Conseil enjoignit immédiatement à tous les citoyens en état de prendre les armes de se tenir prêts à partir au premier ordre, et prescrivit que des postes seraient établis, aux entrées du pays, aussi longtemps que les circonstances l'exigeraient pour le bien et la sûreté publiques.

Le lendemain, 24, les administrateurs de la commune,

« informés par des dépêches extraordinaires qui leur venaient des trois corps administratifs siégeant en la ville de Troyes réunis, et des deux corps administratifs de la ville de Bar-sur-Seine, aussi réunis, que les ennemis du bien public venaient de porter le comble à leurs outrages envers la nation en enlevant, de la capitale de l'empire, le roi et la famille royale ; informés aussi, par les mêmes dépêches, que les conspirateurs qui avaient commis un attentat sur la personne du roi, en l'arrachant du milieu d'un peuple qu'il chérit et dont il est adoré, avaient été trompés dans leurs desseins perfides, et que le cortège qui enlevait le roi et la famille royale a été arrêté dans le département de la Marne », prescrivirent que des registres seraient ouverts, pour recevoir les soumissions volontaires des personnes en état de prendre les armes « pour voler, à la première réquisition, au secours de la patrie, en favorisant le retour du roi à la capitale, et en le protégeant contre les ennemis du dedans et du dehors. » 258 Ricetons se firent inscrire.

IX. — *Extrait du registre des délibérations.* — Dimanche, 10 juillet.

La municipalité sera priée de requérir l'abbé Robert, seul prêtre constitutionnel des Riceys, de célébrer la messe le jour de la Fédération ; de requérir pareillement l'abbé Totey et le desservant provisoire de Ricey-Haute-Rive (1) d'officier avec l'abbé Robert ; de se rendre, en corps, avec le tribunal de paix, les gardes nationales et la Société des Amis de la Constitution au lieu choisi pour cette cérémonie, à laquelle tous les citoyens seront invités à se trouver, pour prêter, à l'issue de la messe, le serment de fidélité à la patrie. — 3 signatures.

---

(1) Claude Guénin, né à Ricey-Bas, le 13 août 1766. Nous ne savons quelle était sa situation. Les actes de catholicité de Ricey-Haute-Rive sont signés par Piedmontois jusqu'au 1er décembre 1790. Guénin n'y paraît que le 3 février 1791 et se qualifie alors prêtre de la paroisse de Ricey-Bas ; il était encore diacre le 1er septembre 1790.

Le 14 juillet, le cortège se forma à Ricey-Haute-Rive et se rendit auprès de l'autel de la patrie, que l'on avait érigé sur les hauteurs de la contrée dite : *la Voie faille.* Au moment de l'offertoire, la musique joua « l'hymne patriotique : *Ça ira* ». A l'issue de la messe, l'abbé Robert renouvela son serment pour lui donner la publicité qu'il devait avoir, puis le maire prêta et reçut de tout le peuple assemblé le serment « par lequel ils ont juré d'être fidèles à la nation, à la loi et au roi, de maintenir de tout leur pouvoir la Constitution du royaume et de vivre libres ou mourir ».

X. — *Déclaration faite au greffe.* — Samedi, 16 juillet.

Un décret, du 5 juillet, porte que ceux qui voudront établir des Clubs ou Sociétés devront déclarer les jours et lieux de réunion, à peine de 200 livres d'amende, et, en cas de récidive, de 5oo livres. Pour s'y conformer, la Société déclare que les séances se tiennent dans la maison de la veuve Olivier, à Ricey-Haute-Rive, le mercredi, à 2 heures, et le dimanche, à 4 heures (1).

XI. — *Pétition à la municipalité.* — Jeudi, 4 août.

De temps immémorial, on organisait un service de garde et de surveillance aux entrées des bourgs, au moment où les raisins allaient commencer à mûrir, pour prévenir les maraudages. La Société le rappelle à la municipalité. — 2 signatures.

XII. — *Pétition à la municipalité.* — Samedi, 13 août.

« Messieurs,

« La Société des Amis de la Constitution, toujours empressée à porter sa vigilance sur les objets que vos travaux vous empêchent d'atteindre, est flattée d'être aujourd'hui près de vous l'interprète d'un vœu de la commune des Riceys. Depuis longtemps, vivre libre ou mourir en défendant la liberté est le sentiment de tous nos concitoyens. Des armes ! Des armes ! est le seul cri qui leur restait à pousser, et qu'ils vous adressent aujourd'hui par notre organe.

---

(1) Décret sur la police municipale et correctionnelle, du 19 juillet 1791 (22 juillet 1791). Titre I, art. 14. La date du 5 juillet est peut-être celle du dépôt du projet de décret.

« Nos frontières hérissées de baïonnettes et, ce qui est plus, de citoyens libres, nous tranquillisent pour le dehors. Mais les manœuvres des ci-devant nobles, des officiers et des prêtres réfractaires, des vivant d'abus que notre indulgente confiance a laissés vivre parmi nous, doivent nous déterminer, sans nous alarmer, à leur opposer un système de défense capable de les contenir. Ayons à la main de quoi parer leurs coups, s'ils osaient essayer d'en porter. Voilà nos motifs; voici nos moyens.

« Il a été déposé entre les mains de plusieurs citoyens une somme donnée par les ci-devant religieux de Molesme, pour faciliter des achats de grains dans un temps de disette. Eh bien ! que cette somme destinée à soutenir nos vies soit employée à les défendre. »

En conséquence, la municipalité est invitée à demander au district l'autorisation d'employer cette somme à l'achat d'armes et d'objets d'équipement. Ces armes, conservées dans un dépôt dont la municipalité garderait la clef, ne seraient délivrées que les jours d'exercice.

« Il semble que le dernier effort de la moinerie expirante ait été de nous pourvoir des obstacles à opposer à son rétablissement, mais surtout à celui de l'esclavage, de la superstition et des préjugés. » — 3 signatures.

Par un acte capitulaire, du 29 août 1789, les religieux de l'abbaye de Molesme, vivement affligés de la disette qui se faisait sentir depuis plusieurs mois, notamment dans les trois bourgs des Riceys, et voulant prévenir la famine dont on était menacé à cause de la modicité de la récolte, arrêtèrent que jusqu'à la moisson future, ils feraient tous les sacrifices possibles d'argent, de grains et d'autres denrées, et en cas d'insuffisance de leurs revenus, se porteraient à tous emprunts nécessaires, même à la vente de leur mobilier, pour se mettre en mesure de secourir les populations à proximité de l'abbaye.

Ils avancèrent 1.000 livres à chacun des bourgs. En outre, pendant la durée de la disette, ils firent conduire aux marchés des Riceys 1.800 mesures (pesant 60 livres de froment) de différents grains, achetés partout où ils purent s'en procurer, et les vendirent avec une remise de 20 sols et plus par mesure.

Ces pensées généreuses et ces actes de bon voisinage méritaient un autre remerciement qu'un persiflage sur les moines, et une lettre signée par trois personnes peut d'autant moins être considérée comme reflétant les sentiments d'une population de 3.800 âmes que, dès le 31 août, les habitants avaient envoyé des délégués à Molesme « pour témoigner aux religieux leur gratitude et leur reconnaissance » (1).

XIII. — *Pétition à la municipalité.* — Dimanche, 28 août.

Même objet que le 12 juin (n° V). Jusqu'à présent, les Riceys n'ont eu aucune part à la distribution d'une somme de quinze millions, décrétée par l'Assemblée nationale pour la formation d'ateliers de charité. — 2 signatures.

Un décret du 16 décembre 1790 (19 décembre 1790), après avoir prescrit ce secours de quinze millions de livres, mit immédiatement 80.000 livres à la disposition de chacun des 83 départements.

Un décret du 25 septembre 1791 (9 octobre 1791) accorda encore au département de l'Aube, sur ce crédit, 40.000 livres pour ses chemins vicinaux.

Par délibération du 17 juin 1793, l'administration du département alloua aux Riceys, pour la première fois,

---

(1) Arch. des Riceys. Registres des délibérations des communautés de Ricey-Haut et de Ricey-Haute-Rive, et liasse 11 P.

Le territoire de Molesme (Côte-d'Or) est contigu à celui des Riceys, où l'abbaye possédait un domaine important.

Les blés achetés immédiatement, au dehors, avec une partie de l'argent avancé par les moines, furent revendus, sur le marché, au commencement du mois d'octobre, 10 l. 14 s. la mesure. Le pain de première qualité était alors taxé 4 sous et demi la livre, ce qui, aujourd'hui, ferait à peu près 15 sous les deux livres.

sur ces deux secours, une somme de 332 livres, qui fut utilisée pour les réparations du chemin de Ricey-Bas à Ricey-Haut.

XIV. — *Pétition à la municipalité.* — Vendredi, 2 septembre.

La Société a appris, par une lettre de Parisot, député à l'Assemblée nationale, que le département de l'Aube a reçu une somme de 12.000 livres de nouvelle monnaie, et qu'on lui fera un pareil envoi chaque mois. La municipalité est priée d'exposer à l'administration du département le besoin urgent de petite monnaie pour le temps des vendanges. — 2 signatures.

XV. — *Extrait du registre des délibérations.* — Mercredi, 28 septembre.

La Société a pu faire changer 1.000 écus contre des petits assignats, par l'entremise de Parisot. Avis est donné à la municipalité de la réception de ces 3.000 livres, avec prière de les répartir entre les citoyens du pays. — 1 signature.

Le Conseil distribua cette somme à 60 personnes, en échange d'assignats de 50 livres.

Les Archives de la mairie des Riceys ne fournissent aucun renseignement, sur la Société des Amis de la Constitution, qui soit postérieur au mois de septembre.

La disparition de ce groupement a pu être occasionnée par le décret des 29 et 30 septembre 1791 (9 octobre 1791), relatif aux sociétés populaires, si ce n'était déjà fait. Ce décret prononce des pénalités contre les citoyens faisant partie de Sociétés, Clubs ou Associations qui tenteraient d'empêcher l'exécution d'un acte de quelque autorité légale, ou feraient des pétitions ou députations en nom collectif (1).

---

(1) Un décret des 10 et 18 mai 1791 (22 mai 1791) avait déjà apporté des restrictions au droit de pétition par les Sociétés de citoyens.

Voici quelques lignes extraites du rapport fait au nom du Comité de Constitution pour proposer l'adoption de ces mesures de répression :

« ...... Ce mot précieux de ralliement (ami de la Constitution) ne paraît plus qu'un cri d'agitation destiné à troubler l'exercice des autorités légitimes. .... » Les Sociétés qui se sont formées pour soutenir les maximes de la Constitution « ne sont que des réunions, que des clubs d'amis, qui ne sont pas plus que tous les citoyens les sentinelles de la Constitution. Ils peuvent s'instruire, disserter, sè communiquer leurs lumières ; mais leurs conférences, mais leurs actes intérieurs ne doivent jamais franchir l'enceinte de leurs assemblées ; aucun caractère public, aucune démarche collective ne doivent les signaler...... Si les Sociétés pouvaient avoir quelque empire, si elles pouvaient disposer de la réputation d'un homme, si, corporativement formées, elles avaient, d'un bout de la France [à l'autre], des ramifications et des agents de leur puissance, les Sociétaires seraient les seuls hommes libres ou, plutôt, la licence de quelques affiliés détruirait la liberté publique...... »

D'autres causes peuvent avoir déterminé la séparation définitive des membres de ce groupement : l'élection, à la présidence du tribunal criminel de l'Aube, de Parisot qui était resté en communion d'idées avec les Amis de la Constitution ; la nomination de Vandeuvre comme administrateur du département, le 10 septembre ; et, enfin, l'élection de membres de la Société comme maires des Riceys, le 3 juillet et le 14 novembre 1791.

Constatons, pour terminer, que le premier maire de la commune fut nommé, le 7 février 1790, par 198 voix sur 327 votants, et que, le 14 novembre 1791, le troisième maire réunit seulement 43 voix sur 50 suffrages.

DEUXIÈME PARTIE

Réfutation de plusieurs imputations de M. l'Abbé Prévost

I. — Serment de Piedmontois

Dans le chapitre consacré au serment que les ecclésiastiques furent tenus de prêter, en 1791, pour pouvoir rester fonctionnaires publics, M. Prévost écrit, à propos de Nicolas Piedmontois, vicaire de Ricey-Haute-Rive :

« Celui-ci se trouvait dans un cas embarrassant. Ses infirmités l'empêchaient de sortir de sa chambre ; il lui était donc impossible de se rendre à l'église, lieu fixé pour la cérémonie de la prestation du serment. *Sans égard aux souffrances de Piedmontois*, les officiers municipaux se transportèrent, le 6 février, au presbytère, pour demander au vicaire infirme de se conformer au décret. Il s'y refusa, en leur faisant observer qu'il fallait, pour jurer validement, le faire à l'église : c'était une condition formelle de la loi. L'observation fut acceptée au moins provisoirement, et la maladie très opportune du vicaire l'aida à rester fidèle à son devoir. (1) »

Ainsi, les administrateurs de la commune se seraient conduits sans humanité. Rien ne justifie cette imputation. Nous reproduisons intégralement le procès-verbal de la municipalité, dont M. Prévost a donné une analyse inexacte. Le procureur et les membres du Conseil sem-

______

(1) T. I, p. 505. C'est nous qui soulignons six mots.

blent chercher à excuser l'initiative qu'ils n'étaient pas obligés de prendre et à justifier leur courtoisie ; cela semblera encore mieux quand on saura que Piedmontois habitait avec son frère, qui pouvait agir, parler et écrire pour lui. La vérité est que, dans plus d'une circonstance, le vicaire de Ricey-Haute-Rive resta longtemps indécis. Au mois d'août de la même année, il demanda à la municipalité un délai de quinze jours pour lire la lettre pastorale de l'évêque assermenté, n'étant pas encore certain, dit-il, d'appartenir au diocèse de Troyes (1). Le procès-verbal du 6 février 1791 n'est pas autre chose qu'une demande de sursis, apostillée par le Conseil de la commune qui certifie l'état d'infirmité du postulant.

Procès-verbal du 6 février 1791

« Cejourd'hui, dimanche, six février mil sept cent quatre-vingt-onze, heure de trois de relevée, sur le rapport qui a été fait par le s^r Charlot, procureur de la commune, que, sachant l'état d'infirmités et de maladie du s^r Nicolas Piedmontois, vicaire de Ricey-Haute-Rive, faisant partie de la paroisse des Riceys, au point qu'il ne peut sortir et est obligé de se servir de béquilles, il a cru devoir lui faire la déférence d'aller chez lui pour savoir de lui s'il était dans la disposition de faire son serment aux termes du décret du 27 novembre dernier ; à quoi ledit s^r abbé Piedmontois aurait répondu qu'il priait, vu son état, Messieurs les officiers municipaux des Riceys et notables de vouloir bien se transporter chez lui pour recevoir sa déclaration. Ce à quoi lesdits officiers municipaux et notables obtempérant, et croyant devoir audit s^r Piedmontois la même déférence qu'avait eue ledit procureur de la commune, se sont rendus ledit jour, heure que dessus, convenue avec ledit s^r Piedmontois, avec le procureur de la commune et le secrétaire greffier, en la maison de ce premier. Où étant, ledit s^r Piedmontois leur a dit et déclaré qu'il était obligé, depuis le 17 décembre dernier, de se soutenir avec des béquilles ; qu'il était inhabile à faire ses fonctions et même incertain s'il pourrait

_____

(1) Né à Meuvy-en-Bassigny, le 27 novembre 1738, il pensait peut-être devoir retourner dans la Haute-Marne.

reprendre le service dans la partie de paroisse dite Ricey-Haute-Rive, et qu'il a rempli dans ladite partie de paroisse pendant près de vingt-huit ans, avec une assez mauvaise santé; qu'en conséquence, attendu que la loi du serment exigé des fonctionnaires publics est muette sur un pareil cas, et qu'il ne peut le faire après la messe paroissiale suivant les termes du décret de l'Assemblée nationale du 27 novembre dernier, il croyait que c'était le cas de différer jusqu'à nouvel ordre de lui en demander l'émission. De laquelle déclaration lesdits officiers municipaux et notables ont dressé le présent procès-verbal, qui sera incessamment envoyé à M. le procureur syndic du district de Bar-sur-Seine. Et avant de clore le présent procès-verbal, lesdits officiers municipaux et notables présents ont requis ledit s^r abbé Piedmontois de signer, ce qu'il a fait à l'instant avec lesdits officiers municipaux et notables présents, le procureur de la commune et le secrétaire greffier.

« Fait, clos et arrêté les an et jour susdits. (1) »

II. — Serment de Totey

Les lignes que M. Prévost consacre à Totey contiennent une erreur matérielle, sans grande importance, mais que nous sommes obligé de signaler parce qu'elle met le langage du maire en contradiction avec les considérants de la délibération du Conseil, du 2 juin :

« Claude Totey, vicaire de Ricey-Bas, ajouta à son serment ces paroles restrictives : « exceptant les objets spirituels qui dépendent essentiellement de l'autorité de l'Église catholique, apostolique et romaine, dans laquelle je veux vivre et mourir ». Sur la remarque du maire que cette réserve annulait le serment, le bon prêtre ne sut que maintenir ses paroles. (2) »

Nous avons reproduit dans la première partie le texte

---

(1) Arch. des Riceys. Registre des délibérations de la municipalité.

(2) T. I, p. 505.

du procès-verbal. Le maire constata seulement que Totey ne prononçait pas le serment avec les termes fixés. Il n'avait pas qualité pour préjuger le sentiment définitif de l'Assemblée nationale sur des modifications dont la forme pouvait varier à l'infini, et qu'elle avait proscrites, toutes, en principe. Son observation pouvait viser non seulement la restriction finale, mais aussi la mention de l'Église dans la phrase du début. L'Assemblée y verrait-elle une protestation contre l'élection des curés par le peuple ? Elle seule pouvait le dire.

III. — Perquisition chez Didier

M. Prévost écrit :

« Un certain nombre de curés remplacés, n'ayant plus de logement dans leur paroisse, avaient dû se retirer dans leur pays natal au sein de leur famille. Là, bien que n'exerçant plus de fonctions publiques, ils étaient encore exposés aux *violences des révolutionnaires*. Didier, curé de Longpré, vivait tranquille aux Riceys. On ne l'en accusa pas moins de s'être flatté d'avoir dix à douze coups à tirer, en cas qu'il fût attaqué comme contre-révolutionnaire. La municipalité fit opérer à son domicile une perquisition pour laquelle la garde nationale fut requise ; on ne découvrit aucune arme, mais seulement quelques balles de plomb. (1) »

Il y eut, en effet, une perquisition chez Didier, le 18 août 1791, mais elle n'eut aucun caractère de violence. Le procureur de la commune dit que, depuis longtemps,

---

(1) T. II, p. 41. C'est nous qui soulignons trois mots. Nicolas-Honoré Didier, né à Ricey-Haute-Rive, le 18 décembre 1743, était curé de Longpré, Le Puits, Nuisement et Montmartin. Remplacé le 22 mai 1791, il avait droit, à dater de ce jour, à une pension de 500 l.

on se plaignait de propos incendiaires tenus par les prêtres réfractaires et que le curé de Longpré lui avait été particulièrement dénoncé comme s'étant flatté d'avoir douze coups à tirer, en cas qu'il fût attaqué comme contre-révolutionnaire. La municipalité arrêta qu'elle se transporterait, le jour même, chez Didier avec un détachement de la garde nationale, pour y faire une perquisition « paisiblement et en bon ordre ».

« M. le maire ayant fait part au s^r Didier du motif de son transport, il a été fait en sa présence une perquisition tranquille dans tous les endroits de sa maison, dans laquelle on n'y a trouvé aucune arme, mais seulement cinq balles. Et étant prêt à sortir, il a échappé audit s^r Didier, entre autres propos, répliquant à un des officiers qui lui parlait : Vous êtes donc de la bande de ces messieurs ? propos qui a choqué tout le détachement et qu'il méritait d'autant moins qu'il s'était comporté avec toute la modération possible. (1) »

Les administrateurs de la commune n'avaient-ils pas pris le meilleur parti pour empêcher la situation de s'envenimer ?

IV. — Les marguilliers de Ricey-Haut et les prêtres insermentés

Pour donner une seconde preuve de la *violence des révolutionnaires* de Ricey, à l'égard des prêtres réfractaires, M. Prévost écrit :

« De leur côté *les marguilliers* de Ricey-Haut refusaient à tout prêtre insermenté l'autorisation de *dire la messe*, et ils prétendaient que cette défense venait d'un ordre de la municipalité. Il fallut que le Conseil de la commune déclarât qu'il était étranger à cette prohibition. (2) »

---

(1) Arch. des Riceys. Registre des délibérations de la municipalité.

(2) T. II. p. 41. C'est nous qui soulignons.

Il n'y eut pas de violençe dans l'acte visé par ces lignes. Une délibération du 23 août 1791, où l'historien du *Diocèse de Troyes* a puisé son renseignement, dit seulement qu'*un marguillier* avait défendu aux prêtres réfractaires de *sonner leurs messes.*

« Cejourd'hui, vingt-trois août mil sept cent quatre-vingt-onze, la municipalité assemblée au lieu de ses séances, le procureur de la commune a dit que le s^r N...., marguillier de la fabrique de l'église de Ricey-Haut, a défendu aux prêtres réfractaires qui sont à Ricey-Haut de sonner leurs messes, disant que c'était de la part de Messieurs le maire et officiers municipaux des Riceys, ce qui est contraire à la vérité ; pourquoi requiert qu'il soit ordonné audit s^r N... de laisser sonner les messes auxdits ecclésiastiques s'ils le jugent à propos. Sur quoi nous avons envoyé ordre audit s^r N.... de se conformer audit réquisitoire. »

V. — L'Abbé Robert et le « Ça ira »

L'abbé Robert est resté le plus populaire des prêtres qui desservirent les Riceys pendant le cours de la Révolution. On lit sur sa tombe, conservée dans l'église de Ricey-Haut, où elle a été placée, après la suppression de l'ancien cimetière, pour être sauvée de la destruction : « Selon ses désirs il a été inhumé au milieu de ses paroissiens qu'il aimait ». On aurait pu ajouter : « et qui le lui rendaient », car son souvenir est encore vivant à Ricey-Haut.

L'Aube, Journal des intérêts de la Champagne, a publié, en 1839, une *Histoire des Riceys* qui remplit cinq feuilletons. Dans le n° 9, du 23 novembre, on lit :

« L'abbé Robert est connu dans le département par les soins qu'il a donnés efficacement à tant de malades. Décédé le 24 septembre 1834, M. l'abbé Robert a laissé des regrets unanimes au cœur de tous ceux qui l'ont connu. Son éloge se résume aisément dans ces mots : bienfaiteur de l'humanité souffrante. A lui, avec vérité,

peuvent s'appliquer ces paroles de l'Ecriture : il a passé
en faisant le bien. Le nom d'un homme de bien doit natu-
rellement trouver place dans l'histoire du pays où il a
vécu ; tel est le motif de cette mention. (1) »

M. Prévost écrit :

« Disons aussi que les prêtres constitutionnels flat-
taient le pouvoir ou du moins croyaient faire œuvre
d'habileté en ménageant les révolutionnaires. Ainsi
Robert, en célébrant la messe du 14 juillet 1791 dans
l'église de Ricey-Haut, s'était cru obligé de se tourner
vers les assistants au moment de l'offertoire et de dire
aux musiciens de jouer le *Ça ira*. (2) »

Le *Ça ira*, qui fut chanté avec enthousiasme, à Paris,
pendant les préparatifs de la fête de la Fédération du
14 juillet 1790, était un air de contredanse auquel on
appliquait des paroles traduisant les sentiments du jour.
Celui de 1790 avait un autre caractère que le *Ça ira* de
1793 : on n'y menaçait pas les aristocrates de la lanterne ;
mais, pour un prêtre, il était pire. Voici un extrait du
premier couplet et, intégralement, le deuxième :

1er couplet

. . . .
Quand Boileau jadis du clergé parla,
Comme un prophète il a prédit cela. Etc...

2e couplet

Ah ! ça ira, ça ira, ça ira !
Suivant les maximes de l'Evangile,

---

(1) L'auteur de cette *Histoire des Riceys*, non signée, est Bailly-
Horiot, alors employé des postes à Bar-sur-Aube et qui en dirigea
le service à Ricey, Bar-sur-Seine et Châtillon-sur-Seine. Il avait
passé quelques mois à Ricey-Haut chez l'abbé Gérard, premier
successeur de l'abbé Robert.

(2) T. II. p. 53.

> Ah ! ça ira, ça ira, ça ira !
> Du législateur tout s'accomplira.
> Celui qui s'élève, on l'abaissera :
> Et qui s'abaisse, l'on élèvera.
> Ah ! ça ira, ça ira, ça ira !
> *Le vrai catéchisme nous instruira*
> *Et l'affreux fanatisme s'éteindra.*
> Pour être à la loi docile,
> Tout Français s'exercera (1).

Les deux vers du premier couplet se rattachent mal à ceux qui les précèdent ou les suivent immédiatement. Mais si on les rapproche des vers soulignés dans le second couplet, qui y occupent le même rang, leur signification paraît claire, et l'était certainement pour l'abbé Robert, frais émoulu des écoles. C'est une allusion à la querelle de Boileau et des disciples d'Escobar, dont le poète a flétri plusieurs propositions, en condensant et vulgarisant divers passages des *Provinciales*. Il a écrit :

> C'est alors qu'on trouva, pour sortir d'embarras,
> L'art de mentir tout haut en disant vrai tout bas.
> C'est alors qu'on apprit qu'avec un peu d'adresse
> Sans crime un prêtre peut vendre trois fois sa messe,
> Pourvu que, laissant là son salut à l'écart,
> Lui-même, en la disant, n'y prenne aucune part (2).

La messe du 14 juillet 1791 fut dite, non dans l'église de Ricey-Haut, mais à un autel de la patrie que la municipalité avait fait ériger, pour la première fois, sur les hauteurs qui dominent la chapelle Saint-Jacques. La cérémonie, célébrée avec un appareil nouveau, devant

---

(1) Larousse. *Grand dictionnaire.*

(2) Satire XII, *Sur l'équivoque.* M. Prévost écrit : « La faiblesse fut certainement la faute du plus grand nombre, et il ne faudra parfois qu'un bon conseil et une pressante exhortation pour amener la rétractation d'un serment prononcé du bout des lèvres seulement, et non du fond du cœur. » T. I, p. 456.

une foule considérable, dans un moment d'enthousiasme général, ne pouvait produire le recueillement d'un service ordinaire ; l'abbé Robert, en donnant l'ordre de jouer le *Ça ira*, eût incité plusieurs des assistants à s'en remémorer les paroles, peut-être même à chantonner, lèvres mi-closes, en accompagnant la musique :

> Ah ! ça ira, ça ira, ça ira !
> Le vrai catéchisme nous instruira,
> Et l'affreux fanatisme s'éteindra.

L'historien du *Diocèse de Troyes* a-t-il craint que sa documentation parût suspecte ? Les ecclésiastiques qui ont lu son travail, en manuscrit ou en épreuves, ont-ils eu un sursaut d'indignation et ont-ils exprimé un doute ? Toujours est-il que M. Prévost a essayé d'atténuer son imputation en disant qu'à cette époque le *Ça ira* n'avait pas le même « caractère sauvage » que pendant la Terreur, ce qui est exact. Mais, en citant le deuxième couplet, il supprime l'allusion au vrai catéchisme, dont le « caractère antireligieux » eût fait paraître singulièrement indécent l'acte de l'abbé Robert ; il met sous les yeux un texte expurgé et aussi bénin qu'un septième commandement ou qu'un extrait de l'ancien catéchisme. L'accusation ainsi mitigée et rendue acceptable, les lecteurs de l'*Histoire du diocèse* ne retiendront qu'une chose : l'abbé Robert donna l'ordre de jouer le *Ça ira* au moment de l'offertoire ; et ils penseront certainement au *Ça ira* de 1793.

Voici les lignes qui suivent immédiatement celles que nous avons reproduites plus haut :

« Il est vrai que ce chant, dont les paroles ont été plusieurs fois modifiées pendant la Révolution, n'avait pas à cette époque le caractère sauvage qui le signala plus tard. Citons-en seulement une strophe :

Ah ! ça ira, ça ira, ça ira,
Suivant les préceptes de l'Evangile :
Celui qui s'abaisse, on l'élèvera ;
Celui qui s'élève, on l'abaissera.

« La Société des Amis de la Constitution établie aux Riceys pouvait-elle n'éprouver aucune sympathie pour un prêtre aussi condescendant ? (1) »

D'où sort l'accusation portée contre l'abbé Robert ? La question importe peu. Un historien soucieux de la vérité, dans une question particulièrement délicate, voyant une indication aussi grave, relirait dix fois le texte, par crainte d'avoir la berlue, et hésiterait à la reproduire avant d'avoir consulté le document original, constitué, en l'espèce, par le procès-verbal de la municipalité, ou ne la reproduirait qu'avec des réserves et des indications de source. Que M. Prévost ait exploré le registre des délibérations de la commune des Riceys, ce n'est pas contestable : il donne plusieurs renseignements, qu'on ne peut trouver que là, sur des faits antérieurs ou postérieurs au 14 juillet 1791 (2).

Nous reproduisons intégralement, comme pièce justificative, le procès-verbal rédigé le jour même de la fête de la Fédération. Il parle d'abord des différends de la municipalité avec Cottray, qui s'était fait nommer com-

---

(1) T. II, p. 53. Nous pensons que M. Prévost veut dire que la Société éprouvait de la sympathie pour Robert.

(2) Nous citerons en particulier :

20 juin 1790. Adresse à l'Assemblée nationale, attribuant à l'influence de Bluget, curé des Riceys, l'importance de la souscription patriotique. Mentionnée T. I, p. 70.

3 octobre 1790. Proposition de fondre l'argenterie inutile des églises, adressée à l'Assemblée nationale. T. I, p. 68.

18 août 1791. Perquisition chez Didier. T. II, p. 41.

23 août 1791. Ordre de laisser les prêtres insermentés sonner leurs messes. T. II, p. 41.

mandant de la garde nationale de Ricey-Haut, irréguliè-
rement, par ses partisans et qui refusait de renoncer à cette
usurpation de pouvoir, malgré les ordres réitérés des
administrateurs du département. Il dit que, voulant éviter
toute discussion, les officiers des autres sections cédèrent
le pas à Cottray pour se rendre à l'autel de la patrie, et
mentionne l'incident du *Ça ira*. Nous faisons suivre son
texte de celui de M. Prévost, pour rendre la comparaison
plus facile.

Texte du procès-verbal du 14 juillet 1791 :

« . . . . *qu'au moment de l'offertoire, M. le maire
ayant dit aux musiciens de jouer l'hymne patriotique
Ça ira, ledit sʳ Cottray s'est écrié, en s'approchant
d'eux, qu'on n'avait d'ordre à recevoir que de lui, en
ajoutant : Continuez* . . . . »

Texte de l'Histoire du diocèse de Troyes :

« *Ainsi Robert, en célébrant la messe du 14 juillet
1791 dans l'église de Ricey-Haut, s'était cru obligé de
se tourner vers les assistants au moment de l'offertoire
et de dire aux musiciens de jouer le* Ça ira. »

Nous laisserons au lecteur le soin de qualifier le
procédé employé par l'historien du *Diocèse de Troyes* à
l'égard de l'abbé Robert. Nous ferons remarquer seulement que l'accusation repose sur deux actes :

1° M. Prévost, ayant sous les yeux un texte fort clair,
attribue au vicaire ce qui concerne le maire et Cottray ;

2° M. Prévost, en citant le deuxième couplet du *Ça
ira* de 1790, supprime les deux vers qui eussent montré
le caractère anti-religieux de ce chant.

La sympathie de la Société des Amis de la Constitution pour Robert ne fut pas motivée par la cérémonie
du 14 juillet 1791, contrairement à ce que la rédaction
de M. Prévost pourrait faire croire : le nom du desser-

vant de Ricey-Haut ne paraît plus, dans les documents émanés de cette Société, après le 10 juillet.

Procès-verbal du 14 juillet 1791

« Cejourd'hui, quatorze juillet 1791, les maire et officiers municipaux s'étant assemblés en la chambre commune, en Conseil général, il a été arrêté qu'à l'instant l'arrêté du département de l'Aube, du treize mai dernier (1), serait de nouveau signifié au s^r Cottray, pour qu'il n'en ignore et ait à s'y conformer et y satisfaire, ce qui a été fait par le s^r Horiot, huissier, accompagné de la brigade de la gendarmerie de Bar-sur-Seine. Ces derniers, de retour, ont annoncé aux officiers municipaux qu'au mépris de ladite signification, ledit s^r Cottray s'est mis à la tête de sa troupe, s'est érigé en commandant et est arrivé à l'église de Ricey-Haute-Rive, où se sont également rendues les gardes nationales des deux autres sections.

« Que la municipalité s'étant aussi rendue en ladite église avec le clergé, M. le procureur de la commune a été chargé de proposer aux officiers des trois sections de tirer au sort entre eux à l'effet d'avoir le pas, et que, pour éviter les inconvénients qui auraient pu avoir lieu relativement au refus des officiers de la section de Ricey-Bas de tirer le pas avec ledit s^r Cottray, lesdites sections de Ricey-Bas et Ricey-Haute-Rive ont préféré lui abandonner le pas.

« Qu'ensuite les trois sections s'étant mises en marche et étant arrivées à l'autel de la patrie érigé au-dessus de *la Voie faille,* la messe a été célébrée par le s^r Robert, vicaire de Ricey-Haut ; qu'au moment de l'offertoire, M. le maire ayant dit aux musiciens de jouer l'hymne patriotique *Ça ira,* ledit s^r Cottray s'est écrié, en s'approchant d'eux, qu'on n'avait d'ordre à recevoir que de lui, en ajoutant ; Continuez.

« Qu'à l'issue de la messe, ledit s^r abbé Robert a annoncé que, pour se conformer au décret de l'Assemblée nationale, il allait donner à son serment, déjà consigné sur le registre de la municipalité, toute la publicité qu'il doit avoir, ce qu'il a fait à l'instant dans la formule décrétée par l'Assemblée nationale : après quoi M. le maire a prêté et reçu le serment civique de tout le peuple assemblé et du brigadier de Bar-sur-Seine et de trois de ses cavaliers, qui ont assisté en armes à ladite cérémonie, par lequel ils

______

(1) Voir p. 19.

ont juré d'être fidèles à la nation, à la loi et au roi, et de maintenir de tout leur pouvoir la Constitution du royaume et de vivre libres ou mourir.

« Ce fait, l'assemblée est revenue au bourg de Ricey-Haute-Rive, et nous étant retirés en la chambre commune, nous y avons rédigé le présent procès-verbal et ont lesdits maire, officiers municipaux et notables présents signé avec le procureur de la commune, le s^r Olivier, brigadier de la maréchaussée et le secrétaire greffier. (1) »

---

(1) Arch. des Riceys. Registre des délibérations de la municipalité. Les archives du département contiennent une copie de ce procès-verbal. Arch. judiciaires de Bar-sur-Seine, liasse 394.